La Historia de
Johnny Appleseed

Escrita e Ilustrada por Aliki

Traducción de Teresa Mlawer

LECTORUM
PUBLICATIONS, INC.
137 WEST 14TH STREET, NEW YORK, N.Y. 10011

Hace muchos años,
cuando América era un país joven,
vivía allí un hombre gentil y valiente
llamado John Chapman.
John amaba la naturaleza.
Le encantaba caminar en el bosque,
entre los árboles y las flores,
feliz y absorto
en sus propios pensamientos.

Original title:
The Story of Johnny Appleseed
Copyright © 1963 by Aliki Brandenberg
Spanish translation copyright © 1992
by Lectorum Publications, Inc.

This edition published by arrangement with the publisher,
Simon & Schuster Books for Young Readers,
A division of Simon & Schuster, New York

ISBN 0-9625162-6-0
ISBN 1-880507-18-8 (pbk)

10 9 8 7 6 5 4 3

Printed in Spain

Un día, después de una larga caminata,
John se sentó a descansar bajo un árbol.
Sintió el sol caliente sobre su espalda,
y la hierba fresca que le hacía cosquillas
en los dedos de los pies.
John sacó una manzana de su bolsa
y se la comió.
Y una vez que hubo terminado,
miró atentamente
lo que había quedado en su mano:
solamente unas semillas
de color castaño.
Entonces John pensó:
Si uno recolectara semillas
y las sembrara,
la tierra pronto se llenaría
de manzanos.

John Chapman vivía en la región fronteriza,
en Massachusetts, donde el país
ya había sido colonizado.
A diario marchaban pioneros
rumbo al oeste, donde no había
ni casas, ni poblados,
y los únicos caminos a seguir eran las huellas
dejadas a su paso por los indios.

En carros cubiertos con toldos,
los pioneros hacían el largo y
peligroso recorrido
a través del territorio desolado.
Ellos querían emprender una nueva vida
en una parte del país aún no colonizada.
John Chapman decidió ir
rumbo al oeste también.
Pero él no viajó en un carro con toldo.
Él hizo el recorrido a pie y descalzo.
No llevaba armas, como solían hacer
los hombres en aquellos tiempos,
para protegerse del peligro
y de los animales salvajes.
Él sólo llevaba una bolsa grande
sobre su espalda,
llena de semillas de manzana,
y una olla en la cabeza.

A su paso, John sembraba semillas
y las obsequiaba en un pequeño saco
a todos los que se encontraba en su camino.
Pronto, todos los que le conocían,
comenzaron a llamarlo
Johnny Appleseed.

En ocasiones, Johnny interrumpía
su recorrido por varias semanas
para ayudar a los colonizadores.
Despejaban la tierra.
Construían casas.
Plantaban hileras e hileras de manzanos.
Tan pronto terminaban,
Johnny continuaba su camino
para ayudar a otros.
Pero siempre regresaba
para ver a sus amigos.

Todos querían a Johnny Appleseed,
especialmente los niños.
Cuando Johnny tomaba un descanso,
los niños se sentaban a su alrededor
para escuchar sus aventuras.

Johnny Appleseed caminaba solo.
Dormía a la intemperie,
en el bosque o junto al río.
Conocía a los lobos, zorros,
pájaros y venados.
Todos eran sus amigos.

Un día, mientras Johnny almorzaba,
escuchó un ruido,
y tres ositos salieron corriendo
detrás de un árbol.
Cuando la mamá osa regresó,
y los encontró jugando a todos,
se sentó a observarlos.
Ella sabía que Johnny Appleseed
no le haría daño a sus cachorros.

Johnny conoció a muchos indios
a lo largo de su camino.
Él era amable con ellos
y les daba semillas y hierbas
que utilizaban como medicina.
Aunque los indios no simpatizaban
con los hombres blancos,
que les quitaban sus tierras,
consideraban que Johnny era su amigo.

A Johnny le disgustaba
que las personas pelearan entre sí.
Trató de que hubiese paz
entre los colonizadores y los indios,
pues creía que los hombres
debían vivir juntos como hermanos.

Y así fue transcurriendo el tiempo,
mientras Johnny continuaba
plantando semillas a su paso.
Cuando se le acababan,
recogía sacos repletos
de los molinos de sidra.
Todos guardaban las semillas
para dárselas a Johnny.
Pasaron muchos años.
Johnny Appleseed
continuaba su camino,
visitando a sus amigos
y mirando complacido
la gran cantidad
de manzanos
que cubrían la tierra.
Se sentía feliz.

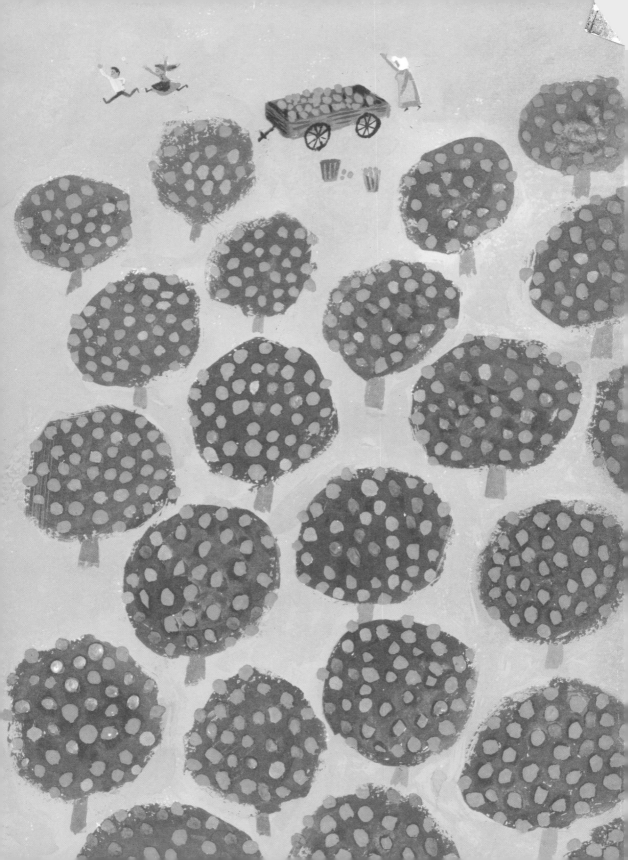

Pero un año el invierno
fue duro y largo.
Cuando debía renacer la primavera,
la nieve todavía cubría los campos
y los árboles permanecían
cubiertos de escarcha.
Johnny no podía ni comer ni dormir.
Temía que sus árboles muriesen.

Un día,
mientras caminaba entre los árboles,
Johnny Appleseed se desplomó en el suelo.
Estaba muy enfermo.
Transcurridas unas horas,
una madre india y su hijo,
que pasaban por allí,
encontraron a Johnny
tendido sobre la nieve.
El niño salió corriendo a pedir ayuda
y Johnny fue transportado
a la aldea de los indios,
no muy lejos de allí.

Pasó varios días enfermo
sin que le cediera la fiebre.
Los indios lo cuidaban y le daban medicinas.

Y por fin, un día
Johnny Appleseed abrió los ojos,
y sonrió a sus amigos indios.
Él sabía que le habían salvado
la vida.
Vio que el sol calentaba, y que el hielo
de las ramas de los árboles
se había derretido.
Había llegado la primavera, y
Johnny se sentía bien nuevamente.
Nunca olvidó a sus amigos,
a quienes visitaba con frecuencia.

Johnny Appleseed
el gentil pionero,
vivió muchos años,
siempre sembrando manzanos
por donde quiera que iba.
Todavía podemos verlos hoy día.
Son grandes, viejos y llenos de manzanas.
Son el regalo que Johnny Appleseed
dejó a su país,
a ti
y a
mí.